Bibliografische Information der Deutschen Nationalbibliothek:

Die Deutsche Bibliothek verzeichnet diese Publikation in der Deutschen National-
bibliografie; detaillierte bibliografische Daten sind im Internet über http://dnb.d-
nb.de/ abrufbar.

Impressum:

Copyright © 2015 GRIN Verlag, Open Publishing GmbH
Druck und Bindung: Books on Demand GmbH, Norderstedt Germany
ISBN: 978-3-668-04425-8

Dieses Buch bei GRIN:

http://www.grin.com/de/e-book/306312/albaniens-moeglicher-beitritt-zur-eu-zwi-
schen-innerstaatlichem-europa-idealismus

Dora Gjura

Albaniens möglicher Beitritt zur EU. Zwischen innerstaatlichem Europa-Idealismus und Stabilisierungserwägungen der EU?

Stand der Europäisierung im Land und der Weg zum Beitritt

GRIN Verlag

GRIN - Your knowledge has value

Der GRIN Verlag publiziert seit 1998 wissenschaftliche Arbeiten von Studenten, Hochschullehrern und anderen Akademikern als eBook und gedrucktes Buch. Die Verlagswebsite www.grin.com ist die ideale Plattform zur Veröffentlichung von Hausarbeiten, Abschlussarbeiten, wissenschaftlichen Aufsätzen, Dissertationen und Fachbüchern.

Dorieta Gjura

Bachelorarbeit

im Rahmen des Studienganges

Politik, Verwaltung und Organisation

Thema:

Albaniens möglicher Beitritt zur EU - zwischen innerstaatlichem Europa-Idealismus und Stabilisierungserwägungen der EU?

Stand der Europäisierung im Land und der Weg zum Beitritt

Frage: Was sagen die Theorien über den Beitritt eines Landes zur EU: Wann hat ein Land Interesse an einem Beitritt? Wann hat die EU Interesse?

24.07.2015

Gliederung

Tabellenverzeichnis

Abkürzungsverzeichnis

EU	Europäische Union
GB	Groß-Britanien
SAA	Stabilisierungs- und Assoziierungsabkommen
SAP	Stabilisierungs-und Assoziierungsverfahren
CARDS	Community Assistance for Reconstruction, Development and Stabilisation
PHARE	Poland and Hungary Assistance for Economic Reconstruktion
IPA	Instrument for Preaccesion Assistance
EWG	Europäische Wirtschaftsgemeinschaft
ACIF	Albanian Center for International Trade
OSFA	Open Society Foundation for Albania
IDM	Das Institut für Demokratie und Mediation

1.Einleitung

Die albanische Politik hegt seit langem den Wunsch, Mitglied der Europäischen Union zu werden.[1] Den Rahmen für die Beziehungen zwischen der Europäischen Union und den westlichen Balkanländern bildet ein Stabilisierungs- und Assoziierungsabkommen. Da das Abkommen als Grundlage für die Durchführung des Beitrittsprozesses dient, werden die spezifischen Merkmale jedes Partnerlandes angepasst. Außerdem werden in dem Abkommen die gemeinsamen politischen und wirtschaftlichen Zielsetzungen sowie Fragen der regionalen Zusammenarbeit beschrieben.[2]

In einer Situation, in der die Europäische Union nach wie vor die Folgen der „Euro"-Krise 2008/2009 zu bewältigen hat, streben die Balkanländer einen Beitritt in die EU an. Grundsätzlich steht die EU weiteren Staaten zum Beitritt offen, solange diese die Kopenhagen-Kriterien von 1993 erfüllen. „Ein friedliches, geeintes und wirtschaftlich erfolgreiches Europa" – waren die Ideale der Gründer Europas.[3] Frieden kann dabei nur möglich sein, wenn die Länder in der EU nicht in Rivalität, sondern in Kooperationsbeziehungen zu einander stehen. Am 9. Mai 1950 hatte der damalige französische Außerminister Robert Schuman mit Bundeskanzler Konrad Adenauer in einer Pressekonferenz einen Plan für die Zusammenarbeit mit Westdeutschland bekannt gegeben. Laut dem Plan sollte eine deutsch-französische Gemeinschaft für Kohle und Stahl gegründet werden.[4] Im Jahr 1958 wurde aus sechs Ländern die Europäische Wirtschaftsgemeinschaft (EWG) gegründet. Sie bildete den Anfang der Europäischen Union. Aus den sechs Gründungsländern wurde bis heute eine Europäische Union mit 28 Mitgliedstaaten. Sechs weitere Länder befinden sich derzeit auf der Liste möglicher Beitrittskandidaten. Am 24. Juni 2014 bekam auch Albanien den Status als Beitrittskandidat. Diese Entscheidung der Europäischen Kommission sei laut des EU-Erweiterungskommissars Stefan Füle sowohl "eine Anerkennung bisheriger Reformanstrengungen", als auch "Ermunterung zu mehr Reformen".[5]

Für Albanien bedeutet dies „grünes Licht", um Mitglied in der Europäischen Union zu werden. Der Ministerpräsident Albaniens Edi Rama sagte: „Es gäbe ohne Europa keine Träume auf dem Balkan." Weiter erklärt er, dass für die post-kommunistischen Länder diese Träume mit der jahrzehntelang vermissten Freiheit verbunden seien.[6]

---

[1] Ministerium für Europäische Integration Albaniens, abrufbar unter: http://www.integrimi.gov.al/al/programi/integrimi-ne-
[2] Europäische Kommission 2012, abrufbar unter: http://ec.europa.eu/enlargement/policy/glossary/terms/saa_de.htm
[3] Die Geschichte der Europäische Union, abrufbar unter: http://europa.eu/about-eu/eu-history/index_de.htm
[4] McCormick 2002 : S.56
[5] Europäische Kommission, abrufbar unter: http://ec.europa.eu/enlargement/countries/detailed-country-information/albania/index_de.htm
[6] vgl. zur folgende Interview für „The European" publiziert am 09.02.2015 von http://www.theeuropean.de/edi-rama/9308-albaniens-perspektive-auf-europa

Eine der am häufigsten gestellten Fragen, die die verschiedenen europäischen Integrationstheorien zu beantworten versuchen, lautet: „Wieso wollen Länder der EU beitreten?" Sind es wirtschaftliche, politische oder gesellschaftliche Gründe? Viele Theorien heben die Vorteile ab, die sich mit der Integration für einzelne Länder ergeben. Trotz der Vorteile für einzelne Staaten ist ein Beitritt zur EU immer auch mit Unwägbarkeiten verbunden.[7]

Um die Frage zu beantworten, inwieweit Albaniens möglicher Beitritt zur EU eine Abwägung zwischen innerstaatlichem Europa-Idealismus und Stabilisierungserwägungen der EU darstellt, sollen in der vorliegende Analyse zuerst zwei Theorien der europäischen Integration dargestellt werden. Dann soll mit Hilfe dieser Theorien erklärt werden, welches Interesse die EU an der Erweiterung hat und welches Interesse Albanien an einem EU-Beitritt hat. Dazu soll der realistische und konstruktivistische Ansatz einerseits, sowie der Europäisierungs- und Supranationalisierungsansatz andererseits verwendet werden. Durch eine Analyse der Erweiterungsrunden der Europäischen Union soll aufgezeigt werden, welche Erweiterungsstrategien die Europäische Union verfolgt. Die Kriterien von Kopenhagen, die als Voraussetzung zum EU-Beitritt eines Landes dienen, werden erklärt, um einen genaueren Überblick zu bekommen, welchen Weg Albanien gehen muss, um in die EU zu gelangen. Als Hintergrund hilft ein kurzer historischer Abriss über die EU-Albanien-Beziehungen, um die chronologische Entwicklung von 1992 bis Juni 2014 aufzuzeigen, in dem Albanien den EU-Kandidatenstatus erhielt. Der Stand der Europäisierung des Landes wird erkennbar in einer Analyse der bereits erfüllten Kopenhagen-Kriterien einerseits und den noch zu erfüllenden Kriterien andererseits. Dies dient dazu, einen genaueren Überblick darüber zu bekommen, in wie fern Albanien dazu bereit ist, die Kriterien und Maßnahmen der EU zu erfüllen, um Mitglied zu werden. Anderseits verdeutlicht diese Analyse, wie die Hauptbedingungen der EU, als eine Art von Stabilisierungserwägungen, notwendig sind. Die Interessen Albaniens der EU beizutreten und die Gründe, warum dieser Beitritt so wichtig für Albanien ist, wird unter anderem anhand einer Analyse der Vor- und Nachteile eines möglichen Beitritts erklärt. Ob der Beitritt Albaniens nur dem nationalen EU-Idealismus angehört, oder ob der Beitritt im Interesse der Europäischen Union liegt, ist eine Kernfrage dieser Analyse.

---

[7] Loth/Wessels 2001 : S.219

2) Theoretische Rahmen

2.1 Rationalismus und Realismus

Eine der Theorien, die sich mit den Faktoren für einen möglichen Eintritt eines Landes in einer Gemeinschaft beschäftigt, ist der Rationalismus. Wann Albanien Interesse hat, der EU beizutreten, und wann die EU diesen Beitritt bevorzugt, wird laut Rationalisten eng mit den materiellen Faktoren verbunden sein. Rationalismus wird definiert als Überzeugung, in der gesellschaftliche Akteure versuchen, ihre Eigeninteressen zu maximieren und ihre Umwelt manipulieren, um ihre Ziele zu erreichen. Strategisch denken und strategisch verhalten, um die eigenen Nutzen zu maximieren, sind Kernpunkte der rationalistischen Ideen. Auf EU-Ebene hätte laut Rationalisten die Abgabe der Souveränität nicht dazu geführt, dass die Mitglieder sich für eine tiefere Integration einsetzen. Der Grund dafür ist, dass die Abgabe der Souveränität eine Art von Machtverlust ist.[8]

Die Faktoren, laut rationalistische Analysen, die das Integrationsverfahren von Akteuren beeinflussen, sind materielle Faktoren, wie wirtschaftliche Interessen und militärische Stärken.[9] Anhand des realistischen Ansatzes, der dem Rationalismus zuzuordnen ist, wird versucht zu deuten, wann die EU und die Länder Interesse an Integration haben. Für die Realisten ist es von Bedeutung zu unterscheiden, ob die Innenpolitik der Staaten oder das internationale System als dominierender Faktor betrachtet wird. Demnach reden sie über zwei Analyseebenen. Bei einer Ebene wird aus der Perspektive der einzelnen Staaten argumentiert. Wenngleich die internationalen Systeme die außenpolitischen Handlungsmöglichkeiten der Staaten einschränken, ergeben sich die Handlungsoptionen aber vornehmlich aus der nationalen Politik. In dieser Analyseebene werden die Staaten und nicht die internationalen Systeme in den Mittelpunkt gestellt. Bei der anderen Analyseebene bestimmt das internationale System die Handlungsmöglichkeiten der Staaten. Die Veränderungen in der machtpolitischen Realität im internationalen System müssen zur Veränderungen der nationalen Außenpolitik der Staaten führen. Die Staaten, die dem internationalen System beitreten wollen, sollen die vorgegebenen Schritte nach und nach erfüllen.[10]

Laut Engert „A third state's bid to join can be motivated either by efficiency (material benefits) or by legitimacy (identification with the community)."[11] Allerdings erklärt er anhand von verschiedenen Annahmen, warum Länder wie Albanien die Mitgliedschaft anstreben. Die „material benefits" lassen sich an Hand der realistischen Ansätze erklären: Aus der rationalistischen Perspektive will ein Staat der EU beitreten, wenn die Profite der Mitgliedschaft größer als die Kosten sind. Für die Neorealisten

---

[8] Kratochvil/Tulmets 2010 : S.26
[9] Peuten 2010 : S.7-11
[10] Kohler-Koch, Conzelmann, Knodt 2014: S.286
[11] Engert 2010 : S.71

ist die Sicherheit in der internationalen Ordnung und die Verbesserung der Position ein Kernfaktor, weshalb die Staaten in eine internationale Gemeinschaften eintreten wollen.[12]

2.2 Konstruktivismus und Sozial-Konstruktivismus

Der Konstruktivismus stellt keine Theorie dar. Er ist eine meta-theoretische Perspektive,[13] das bedeutet, dass sich aus einer konstruktivistischen Haltung keine direkten Aussagen bezüglich Form, Verlauf und Ergebnis der europäischen Integration ableiten. Die KonstruktivistInnen bestehen darauf: „ (...) dass materielle Faktoren erst dadurch Einfluss auf menschliche Entscheidungen haben, wenn ihnen eine bestimmte Bedeutung zugeschrieben wird."[14] Laut Konstruktivisten sind die Institutionen soziale Strukturen, die Akteure und deren Verhalten beeinflussen. Die Logik der Angemessenheit wird von Akteuren in ihrem Verhalten verfolgt. Statt gegebene Präferenzen zu optimieren oder zu maximieren, geht es darum, das Richtige zu tun.[15] Hierbei werden bestimmte soziale Normen verfolgt, welche die Identität der Akteure formt und deren Verhalten beeinflusst. Daraus ist zu erkennen, dass Konstruktivisten die sozialen Identitäten von Akteuren fokussieren.[16]

Für den Konstruktivismus ist der Forschungsgegenstand des Sozialwissenschaftlers sozial konstruiert und vom Bewusstsein der Akteure abhängig.[17] Dort gilt die Überzeugung, dass Ideen von Bedeutung sind und die grundlegenden Verhaltensmuster sozialer Akteure Regel-Folgen definiert sind. Die Identitäten der Akteure erfordern die Einhaltung internalisierter Normen, unabhängig davon, ob diese Normen den Akteuren zusätzliche Vorteile bringen oder nicht.[18] Anderes formuliert besagt die sozial konstruktivistische Perspektive, dass nicht die materiellen Gewinne einen Staat motivieren, sondern die Legitimität des Beitritts. D. h. die Identifizierung mit der Gemeinschaft erhöht die Motivation des Beitrittslandes, ein volles und gleichberechtigtes Mitglied zu werden. Wenn sich ein Staat stark mit der Zielgemeinschaft identifiziert, bemüht er sich als volles und gleichberechtigtes Mitglied der Gruppe, angenommen zu werden. Je mehr er die kollektive Identität der Gemeinschaft teilt, desto größer ist sein Interesse an der Mitgliedschaft und Anerkennung.[19]

In den letzten Jahren wurde in der konstruktivistischen Integrationsforschung eine Reihe von Methoden zur Erklärung europäischer Integrationsschritte entwickelt. „Die Entstehung, die Wirkung und der Wandel von Identitäten und Normen, die Legitimität supranationalen Regierens und die

---

[12] Die Neoliberalen sehen die Steigerung der Motivation zum Beitritt, an der Effizienz der erwarteten Zunahme des Wohlfahrtsniveaus. vgl. Engert 2010 : S.72-73
[13] Meta-theoretische Perspektive macht Theorie über Theorie.
[14] Biling/Lerch 2012 : S. 274
[15] Peuten 2010 : S.13
[16] Peuten 2010 : S.12-13
[17] Filzinger 2013 : S.4
[18] Kratochvil/Tulmets 2010 : S.26
[19] vgl. Engert 2010 : S.72-73

normativen Fundamente der Europäischen Union (...)", sind ihre zentralen Themen."[20]

2.3 Europäisierung

Europäisierung befasst sich auf regionaler und nationaler Ebene mit den Rückwirkungen europäischer Politik sowie mit dem Wandel in Drittstaaten in Folge europäischer Entscheidungen. Europäisierung ist als Prozess zu verstehen, den die Adressaten, je nach Untersuchungsgegenstand, in unterschiedlichem Ausmaß beeinflussen können. Nicht nur Mitgliedstaaten sondern auch Beitrittskandidaten sowie andere Staaten, die in ähnlicher Abhängigkeit zur europäischen Politik stehen, werden in der Europäisierungsforschung untersucht. Die Anpassung der Prozeduren formaler und informeller Regeln, gemeinsamer Werte und Normen sowie die drei Dimensionen von Politik[21] bestimmt die Europäisierungsforschung.[22] Europäisierung als Begriff wird in zwei Formen erklärt: „Zum einen wird Europäisierung verwendet, um das Entstehen eines politischen Systems auf der europäischen Ebene zu kennzeichnen. Zum anderen wird Europäisierung als Begriff gebraucht, um die Anpassung der nationalen Systeme an die EU zu beschreiben."[23]

Über Europäisierung wird gesprochen, wenn sich die Akteure vor Ort gezielt darauf einstellen, in ihrem lokalen, regionalen oder nationalen Umfeld unter geänderten Handlungsbedingungen zu leben. Bei dem Anpassungsprozess ist die Wirkung der Europäisierung sowohl bei europäischen als auch bei nationalen Institutionen zu merken. Diese Anpassungsvorgänge sind vor allem im Bereich der Diplomatie erkennbar. Der Prozess hat Eigenschaften eines Kreislaufes: Einerseits entwickelt die Europäische Union ein diplomatisches Potenzial, mit dem sie die Mitgliedstaaten beeinflusst. Andererseits geben die Staaten auch ihren Einfluss durch Rückwirkungen auf der Ebene der europäischen Union, da sie ihre diplomatischen Fähigkeiten verbessern.[24] Den Prozess der Politikgestaltung mit der Initiative von Mitgliedstaaten auf der EU-Ebene bezeichnet man als Bottom-up Prozess. Beim Top-down Prozess werden nationale Gesetzgebungen durch EU-Regelungen beeinflusst. Wie schon erwähnt ist unter Europäisierung der wachsende Einfluss der EU auf nationale Politikfelder zu verstehen. Gleichzeitig ist unter Europäisierung der Einfluss der nationalen Regierungen auf die supranationalen Abstimmungen in verschiedenen politischen Bereichen zu verstehen.[25] Die Europäische Union hat dazu beigetragen, den Aktionsraum der Staaten zu erweitern und Handlungsmöglichkeiten zu eröffnen. Die Veränderung des eigenen Umfeldes resultiert aus der Bewegung dieser Länder in einem Mehrebenensystem.

---

[20] Peuten 2010 : S.7-11
[21] Die drei Dimensionen der Politik sind polity, politics und policy
[22] Knodt at al. 2012 : S.133
[23] Kohler at al. 2014 : S.176
[24] Petersen 2011 : S.20
[25] Lemke 2012 : S.181

2.4 Supranationalisierung

Eine der am häufigsten gestellten Fragen zum Beitritt in die EU lautet: Warum kommt die Bereitschaft von Staaten, ihre Souveränität auf die supranationale Ebene der EU zu transferieren? Mit der Europäischen Union hat sich eine neue supranationale Form der politischen Integration entwickelt, deren Institutionen eine eigene Dynamik entwickeln. [26] Die Zuständigkeit der zentralisierten Regierungsstrukturen, auf supranationaler Ebene in bestimmten Politikfeldern, ist charakteristisch für Supranationalität. Die supranationalen Institutionen können, in der Ausübung dieser Zuständigkeit, das Verhalten aller Akteure beschränken. In dieser Perspektive wird die europäische Regierungsebene als „aktive Struktur" wahrgenommen. [27] Supranationalismus geht von einem transformativen Integrationsprozess aus. Eine weitere Annahme besagt, dass das internationale System durch Prozesse wie Institutionalisierung und Identitätsverwandeln nicht auf Dauer eine anarchische Staatenwelt bleiben müsse und in eine andere politische Form transformiert werden könne. [28]

Die zunehmende supranationale Orientierung nationaler Eliten sowie die auf der europäischen Ebene tätigen Verbände und die supranationalen Organe folgen dem Übergreifen der Integration in andere Politikfelder. In der Europaforschung spielt der theoretische Konflikt zwischen dem Supranationalismus, der eine schwächere Bedeutung der Nationalstaaten auf Vereinigungsprozesse vertritt und dem Intergouvernementalismus, der die Kontrolle der Mitgliedstaaten im Integrationsprozess als Hauptfaktor sieht, eine wichtige Rolle. [29] In vielen Politikfeldern folgt die politische Entscheidungsfindung dem intergouventarmentalen Muster. Aber in vielen anderen Bereichen wird sie als supranationales Regieren bezeichnet. Damit ist die Befähigung der Institutionen der EU in einem bestimmten Politikfeld gemeint, welche für alle Akteure zu beachtende Regeln setzt. Die Austauschprozesse, hauptsächlich wirtschaftlicher Art, werden als essenzieller Initiator zur Herausbildung supranationaler Politikmuster gesehen. Durch diese Austauschprozesse werden die Institutionen der EU sowie die Regierungen der Mitgliedstaaten dazu gedrängt, neue Politikfelder im Rahmen europäischer Regulierung zu schaffen.

---

[26] Lemke 2012 S.197
[27] Biling/Lerch 2012 : S.125
[28] Holzinger at al. 2005 : S.31
[29] Schmidt 1998 : S.32

3)Rahmenbedingungen für die EU-Erweiterung

3.1 Erweiterungsrunden

Die Europäische Union wurde seit ihrer Gründung mehrfach erweitert. Aus den sechs Gründungsländern besteht heute die Europäische Union aus 28 Mitgliedstaaten. Sechs andere Länder befinden sich derzeit sich auf der Liste möglicher Beitrittskandidaten. Die Erweiterung der EU um neue Mitgliedstaaten ist zunächst ein bedeutsames Ereignis der horizontalen Integration.[30] Die horizontale Integration unterscheidet sich von der vertikalen oder sektoralen Integration und kann auch im Rahmen von Assoziationen oder Handelsabkommen, die die EU mit mehreren Ländern abgeschlossen hat, stattfinden.[31] Oft wird die Frage gestellt, warum die EU überhaupt erweitert wird und warum dabei einzelne Länder bevorzugt werden? Um eine Antwort auf die Frage nach dem „Warum" der Erweiterung zu geben, sollen im Folgenden die Erweiterungsrunden der Europäische Union analysiert werden. Außerdem ist von Interesse, anhand der Theorien zu untersuchen, mit Blick auf die Ausgangsfrage, wann die EU Interesse an einer Erweiterung hat.

Die erste Erweiterung, bekannt als die erste Norderweiterung, fand 1973 statt. Dadurch wurden Großbritannien, Dänemark und Irland Mitglieder der Europäischen Gemeinschaften. Die Beitrittsverhandlungen begannen 1970 und nur drei Jahre später erfolgte deren Beitritt.[32] Norwegen ist nicht beigetreten, nachdem sich die Bürger in einer Volkabstimmung mit 53% dagegen entschieden hatten.[33] Die erste Norderweiterung zählt zu einer der wichtigsten Erweiterungen, da zum ersten Mal über „das Phänomen" Erweiterung auf EU-Ebene gesprochen wurde. Die erste Norderweiterung schien als eine „positives Experiment" gewertet worden zu sein, da sie von weiteren Erweiterungen gefolgt wurde. Die zweite Erweiterungsrunde, nämlich die Süderweiterung, führte zum Beitritt Griechenlands im Jahr 1981 und Spaniens und Portugals fünf Jahre später im Jahr 1986.[34] Diese zweite Runde der Erweiterungen unterschied sich von der ersten Runde vor allem in den ökonomischen Aspekten. Im Vergleich zu der ersten Runde, in der es um starke Ökonomien ging, zeigte die zweite Erweiterungsrunde, dass die nicht so starken Ökonomien auch in Frage kommen, Mitglieder der EU zu werden. Griechenland, Spanien und Portugal hatten in der Zeit des Beitritts viele Mängel in politischen, ökonomischen und gesellschaftlichen Aspekten. Mit der zweiten Norderweiterung wurde der Beitritt Österreichs, Schwedens und Finnlands im Jahr 1995 vollzogen. Dieser Beitritt unterscheidet sich wieder von den zwei ersten: Zum einen ging es um starke Ökonomien und zum anderen wollten die Länder der zweiten Norderweiterung ihre Souveränität nicht so stark halten wie die erste. Im Jahre 1999 wurden mit weiteren ost- und mittelosteuropäischen

---

[30] Holzinger/Knill/Peters at al. 2005 : S.21
[31] Holzinger/Knill/Peters at al. 2005 : S.21
[32] A. Jones 2001 : S.462
[33] Borchardt 2002 : S.14
[34] A. Jones 2001 : S.462

Staaten die Beitrittsverhandlungen aufgenommen und im Jahr 2004 traten zehn weitere Staaten der EU bei.[35] Diese Erweiterung hatte auch ihre Eigenschaften und ähnelte nicht den anderen. Die vierte Runde der Erweiterung ist von den vorherigen Erweiterungen zu unterscheiden, da es West- und Osteuropa zusammenführte.[36] Diese sollte nicht unterschätzt werden, vor allem, wenn man die Idee der Gründung Europas betrachtet, in der die Einigung von Ost- und Westeuropa eine der Hauptfaktoren dieser Gründung war. Bulgarien und Rumänien traten der EU 2007 bei. Das letzte Land, das im Jahr 2013 Mitglied der EU wurde, ist Kroatien.

In allen Fällen hatte der Beitrittsprozess jeweils einen längeren zeitlichen Vorbereitungsprozess, bevor diese Länder in die EU beitreten konnten. Am Beispiel der Türkei ist zu erkennen, dass es nicht zu einschätzen ist, wann der Beitritt eines Landes möglich ist. Der Europäische Rat stellte der Türkei schon im Jahr 1999 die Aufnahme in die Beitrittsverhandlungen in Aussicht, diese wurden aber erst 2005 aufgenommen und die Türkei ist immer noch nicht Mitglied der EU. Das Bestreben an einer Mitgliedschaft in die EU haben außerdem Island und die Staaten des Balkans.[37] Albanien kooperiert mit der EU seit Anfang 1992 und hat nach 23 Jahren, am 27. Juni 2014, den EU-Kandidatenstatus erhalten.[38]

28 European Union Member Nations (in 2015)

	Joined EU	Euro Zone Member?		Joined EU	Euro Zone Member?
Austria	1995	Yes	Italy	1957	Yes
Belgium	1957	Yes	Latvia	2004	Yes
Bulgaria	2007	No	Lithuania	2004	Yes
Croatia	2013	No	Luxembourg	1957	Yes
Cyprus	2004	Yes	Malta	2004	Yes
Czech Republic	2004	No	Netherlands	1957	Yes
Denmark	1973	No (ERMII)	Poland	2004	No
Estonia	2004	Yes	Portugal	1986	Yes
Finland	1995	Yes	Romania	2007	No
France	1957	Yes	Slovakia	2004	Yes
Germany	1957	Yes	Slovenia	2004	Yes
Greece	1981	Yes	Spain	1986	Yes
Hungary	2004	No	Sweden	1995	No
Ireland	1973	Yes	United Kingdom	1973	No

Tabelle 1. Die 28 Mitgliedern der EU im Jahr 2015[39]

[35] Bieber/Epiney/ Haag 2013 : S.47
[36] Pfetsch 2007 : S.163
[37] Bieber at al. 2013 : S.48
[38] Europäische Nachbarschaftspolitik und Erweiterungsverhandlungen, Albanien, abrufbar unter:
http://ec.europa.eu/enlargement/countries/detailed-country-information/albania/index_en.htm
[39] Übersicht der Erweiterungen der EU um 28 Mitgliedstaaten, abrufbar unter:
http://beta.tutor2u.net/economics/reference/european-union-enlargement

3.2 Kriterien von Kopenhagen

Um die Europäisierung nicht als eine Reaktion auf externe Vorgaben zu verstehen, sollte bei dem Vorgang der Europäisierung nicht die Europäische Union als Ausgangpunkt gesehen werden. Um Mitglied der Europäischen Union zu werden, müssen Staaten bestimmte Bedingungen in politischer und wirtschaftlicher Hinsicht erfüllen. Diese Bedingungen wurden vom Europäischen Rat in Kopenhagen im Juni 1993 festgestellt und sind bekannt als die „Kriterien von Kopenhagen".[40] Die Erfüllung dieser Kriterien ermöglicht die Empfehlung der Eröffnung von Beitrittsverhandlungen.

Zu den Kriterien zählen die innere Stabilität der Kandidatenländer und ihre politisch-administrativen Institutionen. Das politische Kriterium soll die Demokratie, die Menschenrechte, die Rechtsstaatlichkeit und den Minderheitenschutz sichern.[41] Dadurch, dass in manchen Ländern, wie in Südeuropa, die Rechtstaatlichkeit und die Institutionen einen hohen Grad an Korruption besitzen, ist die Erfüllung dieser Kriterium am Schwierigsten und am Bedeutsamsten. Wenn in einem Land der Grad der Korruption nicht sinkt, bleibt dieses Land vom Beitritt ausgeschlossen. Das ökonomische Kriterium sieht vor, dass die Kandidatenländer eine funktionierende Marktwirtschaft schaffen, die den Marktkräften der EU und dem Wettbewerbsdruck widerstehen kann.[42] Viele Händler und innere Hersteller können dem Druck des Wettbewerbs nicht standhalten und werden deswegen nach dem Beitritt in die EU nicht mehr existieren können. Die Regierungschefs ignorieren oft diese Erkenntnis, obwohl es ein großes Problem für die inländischen Händler darstellt. Sie sehen meist nur die Vorteile im ökonomischen Bereich. Wie Realisten sagen würden, solange die Bilanz der Vorteile in der ökonomischen Lage positiv ist, werden die Länder den Beitritt anstreben. Das dritte Beitrittskriterium für die Mitgliedschaft in die EU ist die Übernahme des gesamten Regelwerks der Union (Acquis communautaire). Dazu gehört das Einverständnis mit den Zielen der Politischen Union, sowie der Wirtschafts- und Währungsunion.[43]

Neben der drei Kriterien wurde noch ein viertes Kriterium in Kopenhagen formuliert, welches für die Osterweiterung folgenlos blieb.[44] Durch die Erfüllung der Kopenhagener Kriterien steht die EU weiterer Staaten zum Beitritt offen.

3.3 Warum erweitert die EU?

Die EU verfolgt eine Strategie mit Blick auf Stabilisierung des europäischen Kontinents, die auf Erweiterung zielt. Damit verfolgt die EU auch eigene Interessen. Denn durch die Aufnahme potenziell

---

[40] Beichelt at al. 2006 : S.247
[41] Blumenwitz at al. 1999 : S.17
[42] Bieber/Epiney/ Haag 2013 : S.48
[43] Borchardt 2002 : S.16
[44] Leiße 2010 : S.47

instabiler Staaten versucht die Union den Kontinent zu stabilisieren. Das war das Hauptziel der Süderweiterung der 1980er Jahre. So stellt Salopp fest: „Die Länder wurden in die EU geholt und dann innerhalb der Familie wirtschaftlich aufgepäppelt und politisch sozialisiert."[45] Die Stabilisierung des Kontinents durch die EU wurde erreicht, indem die EU die Probleme der Fragilität von Staaten internalisierte. Über einer vollständigen Integration beabsichtigt die Erweiterungsstrategie, Stabilität und Wohlstand für die Partnerländer zu sichern.[46] Ein Report von Kok besagt, dass die EU „verpflichtet" ist, ihre erreichten Vorteile mit benachbarten Ländern zu teilen und sie bei wirtschaftlichen und demokratischen Lücken zu unterstützen. So wird gleichzeitig die Sicherheit und Stabilität im gesamten Kontinent gefördert. Außerdem sollte laut der Gründer der EU die Integration der Westeuropäischen Wirtschaften dazu führen, Frieden, Stabilität und Wohlstand in Europa zu schaffen und Krieg zu verhindern.[47]

Laut Leiße sind die Erweiterungen strategisch von der EU geplant. Jede Erweiterung basiert auf bestimmten Faktoren und verfolgt bestimmte Ziele. Für Leiße gehören die ersten drei Erweiterungsrunden zu der ersten Phase der Erweiterung, die laut ihm von 1962-1995 stattfand. Er nennt das „Phase der strategischen Beitritte".[48] Diese Phase bestand aus Inkonsequenzen und Ausnahmen und brachte daher eine unvollständige Idealisierung. De Gaulles Ablehnung bezüglich des Beitritts Großbritanniens zeigte, dass die EU klare Ziele und Strategien verfolgte, die Großbritannien nicht „erfüllte". Für die Rationalisten war das ein Versuch der EU, ihren Machtverlust zu reduzieren. Die starke Souveränität in Großbritannien ist ein Machtgewinn gegenüber der EU und ein Machtverlust der EU gegenüber GB. Die Sozio-Konstruktivisten hätten die Strategie Europas, die Souveränität GB zu verhindern, nicht als Machtgewinn gesehen, sondern als Versuch, die Identität Europas zu stärken. Trotz dessen trat Großbritannien der EU im Jahr 1973 bei und folgte einer anderen Politik. Das Land überlässt die Integrationsbemühungen anderen, stimmt aber dagegen, wenn es um Einschränkung der Souveränität geht.[49] Nun mehr verfolgt die griechische Regierung die Politik Großbritanniens, in der die Souveränität in Mittelpunkt steht. Der Beitritt Griechenlands gehört auch zu den strategischen und war ein Versuch der EU, durch die Aufnahme instabiler Staaten die Stabilisierung der Kontinente zu ermöglichen. Weiter besagt Leiße: „(...) die strategischen Beitritte 1973 und 1981 sollten zu einem dauerhaften Handicap der europäischen Integration werden."[50] Mit dem neuen Motiv in der Süderweiterung kam nicht nur die Stabilisierung junger Demokratien ins Spiel, es gab zusätzlich einen Anstieg der sozio-ökonomischen Heterogenität innerhalb der EU.[51] Die Folgen der Süderweiterung 1981 sind immer noch aktuell, da Griechenland seit 2008 stark von der Finanzkrise Europa betroffen ist.

---

[45] Stratenschulte 2003 : S.10
[46] Stratenschulte 2003 : S.18
[47] Kok 2003 : S.29
[48] Leiße 2010 : S.44
[49] Beichelt 2004 : S.22
[50] Leiße 2010 : S.44
[51] Beichelt 2004 : S.27

Die Osterweiterung ist wegen der wirtschaftlichen Unterschiede zwischen den Mitgliedern einerseits und den Beitrittskandidaten anderseits - neben der Einführung der gemeinsamen Währung - die größte Herausforderung an die europäische Integration seit ihren Anfängen.[52] Laut Leiße stellt die Phase der Osterweiterung eine große Herausforderung für die EU dar, da es um neue Demokratien geht. Im Vergleich zu der ersten Phase, in der es um strategische Beitritte ging, bezeichnet der Autor die zweite Phase als ein Versuch der EU, zivilisatorische Beitritte herbeizuführen.[53] Damit trat eine neue Gruppe von Staaten auf den Plan. Es handelt sich um Länder, die eine schlechte Wirtschaftslage und eine geringe politische Stabilität aufwiesen und aus diesem Grunde beitreten möchten. Zu dieser Gruppe gehören die Zerfallsprodukte der Sowjetunion und Jugoslawien sowie Albanien.[54] Für die Sicherheit der Region versucht die EU diesen Ländern, trotz deren langjähriger Konflikte, Nachbarschaftspolitiken vorzugeben, um durch dieses Kriterium der EU beizutreten.

Bezüglich des westlichen Balkans sprach die Kommission in der Mitteilung „Westlicher Balkan: Stärkung der europäischen Perspektive" in 2008 für eine Stärkung des Engagement der EU zugunsten des Westlichen Balkans. Die Annäherung dieser Länder an die EU und ihre Europäische Perspektive sollte greifbarer gemacht werden. Neben der Erfüllung der Prioritäten und Umsetzung der SAA mit jedem der betroffenen Länder sowie der Annährung dieser Länder zur EU wurde von der EU vor allem in die Stärkung der regionalen Zusammenarbeit Wert gelegt. Maßnahmen zur Verbesserung der regionalen Zusammenarbeit, der gutnachbarlichen Beziehungen und der Zusammenarbeit mit dem Internationalen Strafgerichtshof für das ehemalige Jugoslawien wurden unternommen. Die Förderung der Aussöhnung und Zusammenarbeit zwischen den Völkern ist auch eine Strategie der EU für den Westbalkan.[55] Somit könnte der Beitritt Albaniens andere Balkanländer dazu bringen, die Konflikte in der Regionen zu lösen. Der Krieg um den Kosovo würde somit zu einem Ende kommen, denn Serbien und Albanien wären auf eine Zusammenarbeit angewiesen, um den Vorgaben der EU gerecht zu werden.

---

[52] Beichelt at al. 2006 : S.247
[53] vgl. Leiße 2010 : S.46-47
[54] Stratenschulte 2003 : S.11
[55] Mitteilung der Kommission an das Europäische Parlament und den Rat vom 5. März 2008, abrufbar unter : http://eur-lex.europa.eu/legal-content/DE/TXT/?qid=1435923278096&uri=URISERV:e50028

4)Fall Albaniens

4.1 Geschichte Albanien-EU

Hauptstadt	Tirana
Bevölkerung	3,4 Millionen
Fläche	28.784 km²
Bevölkerungsdichte	80 Einwohner/km²
Nachbarländer	Bundesrepublik Jugoslawien, ehemalige jugoslawische Republik Mazedonien, Griechenland
Nationale Gruppen	98% Albaner; übrige 2%: 91% Griechen, 7% Mazedonier, 2% Montenegriner und Sonstige
Sprachen	Albanisch (Amtssprache) 95%, Griechisch 3%, Sonstige 2%
Religion	70% Muslime, 20% Orthodoxe, 10% Katholiken
Währung	Lek; 1 ECU=150 Lek

Tabelle 2. Allgemeine Informationen über Albanien [56]

In den 23 Jahren EU-albanische Beziehungen sind viele Fortschritte gemacht und viele Kernergebnisse zu Stande gekommen. Zu den Fortschritten zählen die Visaliberation, die finanzielle Unterstützung, die Albanien von der EU bekommt, und die Stabilisierung und Assoziierungsabkommen. Die EU-albanischen Beziehungen haben bereits 1992 angefangen, als Albanien förderfähig im Rahmen des PHARE-Programms[57] wurde, da die EU und Albanien ein Wirtschafts-und Kooperationsabkommen unterzeichneten.[58] Für die kommenden 5 Jahre war es das Hauptziel zwischen EU und Albanien. Bereits im Jahr 1997 wurden vom EU-Ministerrat politische und wirtschaftliche Rahmenbedingungen beschlossen, um die bilateralen Beziehungen zu entwickeln. 1999 war ein gutes Jahr für Albanien, in dem wichtige Fortschritte gemacht wurden: Die EU schlug ein neues Stabilisierungs- und Assoziierungsverfahren (SAP) für fünf Länder in Südeuropa vor. Eines von diesen Ländern war Albanien.[59] Ein Jahr später, im Jahr 2000, bekamen die Produkte aus Albanien den zollfreien Zugang zum EU-Markt. Im Juni desselben Jahres sagte der Europäische Rat, dass alle SAP-Länder potentielle Kandidaten für die EU-Mitgliedschaft sind. 2001 war das erste Jahr der Gemeinschaftshilfe für Wiederaufbau, Entwicklung und Stabilisierung (CARDS)[60]. Diese Gemeinschaftshilfe wurde speziell für den Stabilisierungs- und Assoziierungsprozess teilnehmender Länder entwickelt.

---

[56] Beziehungen EU-Albanien, Europäische Kommission, Artikel von 4. Dezember 1998, abrufbar unter: http://europa.eu/rapid/press-release_MEMO-98-89_de.htm?locale=en
[57] PHARE- Das Gemeinschaftshilfeprogramm für die Länder Mittel- und Osteuropas
[58] Vurmo 2008 : S.18
[59] Thiel 2014 : S.3 , abrufbar unter: http://www.uni-bamberg.de/fileadmin/uni/fakultaeten/sowi_lehrstuehle/vwl_finanzwissenschaft/DAAD-Projekt/Publikationen/pberg49.pdf
[60] CARDS -Community Assistance for Reconstruction, Development and Stabilisation.

Das neue Jahrhundert hatte gut angefangen, denn in den Jahren danach machte Albanien eine schnelle und positive Entwicklung durch, vor allem in den Verhandlungen im Stabilisierungs- und Assoziierungsprozess. Ende 2002 wurden die Verhandlungsrichtlinien für die Aushandlung eines SAA mit Albanien angenommen und anfangs 2003 startete der Kommissionspräsident Prodi offiziell die Verhandlungen darüber. Die erste Partnerschaft für Albanien beschloss der Rat 2004.[61] In 2006 wurde die SAA im Rat für Allgemeine Angelegenheiten und Außenbeziehungen in Luxemburg unterzeichnet. Um die Anforderungen einer möglichen Mitgliedschaft zu erfüllen, soll Albanien konkrete Fortschritte im Rahmen des SAA machen. Im Rahmen des Stabilisierungs- und Assoziierungsprozesses wird Albanien bis zum Beitritt begleitet.[62] Die EU unterstützt Albanien seit 1992 durch PHARE und CARDS. Ab 2007 trat das neue Instrument für Heranführungshilfe (IPA) in Kraft.[63] Im Rahmen der IPA wurde das indikative Mehrjahresplanungsdokument 2007-2009 für Albanien angenommen und Albanien unterzeichnete die IPA-Rahmenabkommen.[64]

Anfangs 2008 trat das Visaerleichterungsabkommen in Kraft und in demselben Jahr wurde die Visaliberalisierung ins Leben gerufen. Wenn man die Geschichte Albaniens vor allem nach dem Kommunismus betrachtet, ist zu merken, dass die Visaliberalisierung eine große Bedeutung für das albanische Volk hatte. Die Europäische Kommission legte einen Fahrplan mit spezifischen Anforderungen für die Visaliberalisierung vor. Eines der wichtigen Ereignisse in der albanischen Geschichte ist die Visaliberalisierung am 15. Dezember 2010. Seit dem können sich die Albaner in der Schengenzone ohne Visum frei bewegen und bis zu 3 Monaten bleiben. Ein anderer wichtiger Fortschritt war im Jahr 2009 dass Inkrafttreten des Stabilisierung- und Assoziierungsabkommens. Die albanische Regierung sollte innerhalb einer Periode von zehn Jahren die Prioritäten der SAA erfüllen, um Mitglied zu werden. SAA kann wiederholt werden. In 2009, direkt danach, stellte Albanien seinen Antrag auf EU-Mitgliedschaft. Ende des Jahrs 2009 genehmigt der Rat den Antrag Albaniens auf Mitgliedschaft in die EU und fordert die Europäische Kommission auf, eine Stellungnahme zu dem Antrag einzureichen. Nach genau einem Jahr gab die Kommission ihre Stellungnahme zum Beitrittsgesuch Albaniens ab. In 2011 wurde die Annahme des Aktionsplans zur Bewältigung der 12 wichtigsten Prioritäten der Stellungnahme der Kommission zum Antrag Albaniens auf Mitgliedschaft in die EU durchgeführt. 2012 empfahl die Europäische Kommission Albanien in den EU-Kandidatenstatus auf Grund der Erfüllung der wichtigsten Maßnahmen in bestimmten Gebieten. Ende 2013 hatte die EU und Albanien einen hochrangigen Dialog über die Schlüsselprioritäten. Am 27. Juni 2014 erhielt Albanien den EU-Kandidatenstatus.[65]

---

[61] Vurmo 2008 : S.7
[62] vgl. Erweiterung der EU, Bundesministerium für Arbeit, Soziales und Konsumentenschutz, abrufbar unter: http://www.sozialministerium.at/site/Soziales/EU_Internationales/EU_Erweiterung/Erweiterung_der_EU
[63] Ministerium für Europäische Integration Albaniens, http://www.integrimi.gov.al/al/programi/historiku-i-marredhenieve-be-shqiperi
[64] IPA -Instrument for Preaccesion Assistance
[65] Europäische Kommission, abrufbar unter: http://ec.europa.eu/enlargement/countries/detailed-country-information/albania/index_de.htm

4.2 Warum ist der Beitritt wichtig für Albanien?

Für die postkommunistischen Länder bedeutet der Beitritt in die EU ein „zurück" zur liberalen Demokratie und zum kapitalistischen Markt.[66] Die Angst vor Marginalisierung und Isolierung vor großen Entwicklungen in Europa ist groß.[67] Seit dem Ende des Hoxha-Regimes in Albanien 1989 wurde sowohl von der Regierungsseite als auch von der Bevölkerung das Streben nach „mehr Europa" groß. „Die Bevölkerung möchte der EU beitreten, weil die EU Menschen und Nationen zusammenbringt", erklärte der Außenminister Albaniens.[68] Außerdem zeichneten sich Länder wie Spanien, Portugal und Irland als orientierte Nehmerländer aus, da sie in den ersten 10-15 Jahren Unterstützung von der EU bekommen hatten, um somit ihre sozio-ökonomischen Probleme zu überstehen. Deswegen entstand der Trend bei besonders wenig entwickelten Ländern wie Albanien, der EU beizutreten, um diese Vorteile zu erhalten.[69] Der Beitritt in die EU würde für Albanien viel bedeuten. Es würde ermöglichen, die (noch) junge Demokratie zu stabilisieren und ein Umfeld für die Implementierung sozial ausgeglichener Marktwirtschaften zu schaffen. Weiterhin würden zusätzliche finanzielle Unterstützungen und die Möglichkeiten für Direktinvestitionen dabei helfen, die wirtschaftliche Lage zu verbessern.[70]

Bei Betrachtung der oben erwähnten Theorien gibt es verschiedene Ansichten, warum Länder Mitglied der EU sein wollen. Für die Rationalisten, möchte Albanien der EU beitreten, wenn sie von der Mitgliedschaft weniger Nachteile als Vorteile hat. Die Neorealisten sagen, dass die Sicherheit und die Verbesserung der Position im internationalen Feld die Kernfaktoren sind, weshalb Länder wie Albanien einer Gemeinschaft wie der EU beitreten wollen. Anders sehen es die Sozial-Konstruktivisten. Die Legitimität des Beitritts motiviert und nicht die materiellen Gewinne. Für die Konstruktivisten erhöht die Identifizierung mit der Gemeinschaft die Motivation Albaniens, ein volles und gleichberechtigtes Mitglied zu werden.[71] Die Ministerin für Europäische Integration begrüßte „Die Analyse der Kosten und Profite Albaniens beim Prozess der Integration in die EU" von ACIF und OSFA.[72] Unter anderen sagte sie: "(...) Dieser Prozess kann nur als abgeschlossen betrachtet werden, wenn wir eine radikale Transformation unserer Gesellschaft in allen Bereichen ermöglichen. Der Integrationsprozess trotz aller Kosten bringt Albanien den Hauptvorteil der Transformation zu einer standardisierten- und konsolidierten Demokratie."[73] Diese Analyse betrachtet unter anderen die

---

[66] Bulmer 2000 : S.104
[67] A. Jones 2001 : S.463
[68] vgl. zur folgende Interview für Radio „Free Europe" publiziert am 10.04.2015
http://www.b92.net/eng/news/region.php?yyyy=2015&mm=04&dd=10&nav_id=93773
[69] Beichelt 2004 : S.33
[70] Kok 2003 : S.29
[71] vgl. Engert 2010 : S.72-73
[72] ACIF-Albanian Center for International Trade, OSFA-Open Society Foundation for Albania, 26.Setpemeber 2014, Tag der Veröffentlichung dieser Analyse
[73] Rede der Ministerin für Europäische Integration Albaniens, am 26.09.2014, abrufbar unter:
http://www.integrimi.gov.al/al/newsroom/lajme/ministrja-gjosha-pavaresisht-kostove-shqiperia-do-te-kete-perfitime-madhore-nga-procesi-i-integrimit-evropian

Vor- und Nachteile in den ökonomischen und politischen Bereich. Was der Beitritt Albaniens in die EU für Albanien bedeutet und die Haupt-Kosten und Profite dieser Mitgliedschaft, werden in Tabelle 1 verdeutlicht.

Vorteile +	Nachteile -
Politische und Institutionelle Aspekte	
• Verbesserung des Rechtsrahmens; • die Festlegung gemeinsamer Standards; • finanzielle Hilfe • Verbesserung der Humanressourcen und Erhöhung der Aufnahmekapazität der Fonds. • Ausrichtung und Vertiefung der Demokratisierung • Verbesserung des Zugangs zu Informationen für die Bürger • Stärkung der Rolle der Zivilgesellschaft bei der Nachfrage nach Rechenschaftspflicht durch formelle und informelle Instrumente	• hohe finanzielle Kosten für die Angleichung der Rechtsvorschriften • Erstellen Abhängigkeit von EU-Konditionalität • institutionelle interne Kommunikation wird unter dem Druck der Durchführung in einem beschleunigten Verfahren im Rahmen der EU verletzt werden • Das größte Problem, hier kommt von den Kosten und nicht von der Ausbeutung des Prozesses der politischen Akteure • politische Kommunikation und in verschiedenen Gräben personalisiert, gewinnt eine "Immunität" gegen EU-Auflagen.
Ökonomische Aspekte	
• Erhöhung der ausländischen und inländischen Investitionen • Erhöhung der Effizienz und Wettbewerbsfähigkeit der albanischen Wirtschaft • günstige finanzielle Rahmenbedingungen für die Unternehmen in Albanien. • Produkte mit guter Qualität und nach europäischen Standard.	• Arbeitslosigkeit in den Sektoren, die umstrukturiert werden • Höhere Haushaltsausgaben für die Arbeitslosigkeit und Umschulung • Albanische Unternehmen haben gegen den ausländischen Wettbewerber keine Chance. • die Erhöhung der Produktionskosten

Tabelle 3. Vor-und Nachteile eines Beitritts in die EU für Albanien [74]

---

[74] Die Analyse der Kosten und Profite Albaniens beim Prozess der Integration in die EU, OSFA 2014, abrufbar unter: http://www.osfa.al/sites/default/files/raporti_perfundimtar.pdf#overlay-context=publikime/publikimi-i-raportit-analiza-e-kostove-dhe-perfitimeve-te-procesit-te-integrimit-te-shqiperise-ne-be

4.3 Analyse: Stand der Europäisierung in Albanien

Um den Stand der Europäisierung des Landes einigermaßen zu deuten, wird eine Dokumentanalyse durchgeführt. Die Erfüllung der politischen und ökonomischen Kriterien, sowie die Übernahme der Acqis Communitare sind die Kernmaßnahmen, die Albanien erfüllen muss, um der EU beizutreten. Europäisierung ist ein Ergebnis einer bewussten Politik von Akteuren und kein mechanistischer Anpassungsprozess. Da dies nicht von heute auf morgen geschieht, sondern über einen längeren Zeitraum abläuft, ist der Stand der Europäisierung immer in Bewegung. Die Europäische Union hat dazu geführt, den Aktionsraum der Staaten zu erweitern und somit Handlungsmöglichkeiten eröffnet. Der EU wird zugebilligt, in den Bereich der Länder hineinzuregieren. Die Länder kümmern sich darum, dass die institutionellen Wandlungsprozesse vorangetrieben oder aufgehalten werden.[75] Die allgemeine Integration des Landes, während es auf dem Weg zur Erfüllung der Kriterien ist, bedeutet den Hauptgewinn. Wie der Ministerpräsident Albaniens sagte: „Ich finde, das Tolle an einem Beitritt ist der Prozess der Integration, nicht das Ergebnis. Denn dieser Prozess ist der einzige, den ich kenne und den ich mir vorstellen kann, der ein ganzes Land dazu bringt, sich zu modernisieren. Für ein Land wie unseres ist das ein Muss – sonst hätten wir das einfache, mediterrane Leben gewählt. Ein Leben, das jeder Südländer wohl wählen würde. Der Integrationsprozess gleicht einer Zwangsjacke, die uns eine gewisse Haltung vorschreibt, uns am Weglaufen und Faulenzen hindert."[76]

Anhand der Reporte der Kommission über die Fortschritte Albaniens, wird eine Bilanz erstellt in der deutlich gemacht wird, wie weit Albanien die Kriterien für die Aufnahme der Beitrittsverhandlungen erfüllt. Mit welcher Geschwindigkeit die Annäherung eines Landes zum Beitritt vorangeht, ist nur mit den Fortschritten des Landes bei der Erfüllung der Kriterien verbunden. Zumeist verläuft dieser Prozess sehr unterschiedlich. Von der EU bekommen die jeweiligen Länder bei den Vorbereitungen Unterstützung. Die Heranführungsstrategie der EU zur Hilfe der Vorbereitungen für die künftigen Mitgliedsstaaten besteht aus drei Kernelementen. Zum einen zählten im Falle des Westbalkans die SAA. Zum anderen die Finanzhilfe von der EU und die Beteiligung dieser Länder an EU-Programmen. Mit der SAA verfolgt die EU unter anderem das Ziel der Stabilisierung der Region, die Unterstützung beim Übergang zur Demokratie und Marktwirtschaft sowie die Förderung der Integration und die regionale Zusammenarbeit.[77] Albanien hat am 12. Juni 2006 solches Stabilisierungs- und Assoziierungsabkommen (SAA) mit der EU unterzeichnet. Durch dessen Inkrafttreten verzeichnete Albanien in 2009 eindeutige Fortschritte.[78] Die zwei Reporte der Kommission, die untersucht werden, sind die von 2008 und von 2014. Der Report der Kommission von 2008 dient als Ausgangspunkt, vor dem Inkrafttreten der SAA. Der Report von 2014 wird einerseits untersucht weil, er am aktuellsten ist und andererseits, weil er mit der Verleihung des

---

[75] Kohler at al. 2014 : S.177
[76] vgl. zur folgende Interview für „The European" publiziert am 09.02.2015 von http://www.theeuropean.de/edi-rama/9308-albaniens-perspektive-auf-europa
[77] vgl. Vurmo 2008 : S.26-27
[78] European Movement Albania 2009 : S.11

Kandidatenstatusses für Albanien in 2014 verbunden ist. Die Kriterien von Kopenhagen mit ihren Unterpunkten sollen dabei helfen diese Analyse schrittweise durchzuführen.

Dem Report aus 2014 ist bezüglich der *politischen Kriterien* zu entnehmen, dass vor allem auf Fortschritte hinsichtlich der Demokratie und Rechtstaatlichkeit, Menschenrechte und Minderheitsschutz sowie regionale Angelegenheiten und internationale Verpflichtungen Wert gelegt wird. Dem Punkt Demokratie und Rechtstaatlichkeit untergeordnet sind die Unterpunkte Verfassung, Wahlen, Parlament, Regierung, öffentliche Verwaltung, Bürgerbeauftragte, Zivilgesellschaft, Justizsystem sowie Bekämpfung der Korruption und organisierter Kriminalität.[79] Die Fortschritte Albaniens bei der Erfüllung der politischen Kriterien von Kopenhagen, sind die Resultate der Unterstützung einiger gesetzgeberischer Maßnahmen. Vor allem die Maßnahmen zur Bekämpfung der Korruption und der organisierten Kriminalität verbesserten sich und zeigten Erfolg.[80] Dennoch und obwohl es in der albanischen Öffentlichkeit stärker als Kernproblem wahrgenommen wird, befindet sich die Korruption nach wie vor in einem großen Ausmaß.[81] Korruption bleibt eines der größten Probleme, die den Beitritt in die EU in Frage stellen. Die Korruption in Albanien ist besonders problematisch, weil sie tief in der Justiz und der Bevölkerung verankert ist. Albanien erhielt von der EU die Empfehlung, die Maßnahmen zur Verbesserung des Rechtsrahmens durchzusetzen und die 2014-20 Korruptionsbekämpfungsstrategie und Aktionspläne zu verabschieden[82] Für die albanische Regierung steht die Bekämpfung der Korruption an erster Stelle. Die neue Regierung, die seit September 2013 im Amt ist, hat eine Reihe von Reformen unternommen, um das Land näher an die Erfüllung der wichtigsten Prioritäten für die Annäherung an die EU zu bringen. Die Reformen beziehen sich vor allem auf den Bereich der Justiz.[83] Die Zusammenarbeit des Staates mit der Zivilgesellschaft in der Bekämpfung der Korruption wurde in den vergangenen Jahren mehrmals demonstriert und spielt somit eine zentrale Rolle in der Bekämpfung der Korruption. Durch diese Zusammenarbeit bei der Korruptionsbekämpfung wird ermöglicht, die Vielfalt der Korruption im täglichen Leben anzuzeigen, sichtbar zu machen und zu bekämpfen.[84]

Fortschritte in der Transparenz der Arbeit des Parlaments wurden verwirklicht und die Bürger haben die Möglichkeit, die Neuigkeiten auf der offiziellen Seite des Parlaments einzusehen. Allerdings gibt es in der Zusammenarbeit der Regierung mit der Opposition noch viel zu tun. Oft wird nicht der Konsens, sondern der Boykott als Weg gewählt.[85] Der Bürgerbeauftragte unternahm ebenfalls Schritte zur Anpassung der Europäisierung. Er setzte sich aktiv für die Verbesserung der Menschenrechtslage Empfehlungen zur Gesetzänderungen einbrachte, um somit die Achtung der Rechte bedürftiger

---

[79] Europäische Kommission 2014 : S.5
[80] Key findings of the 2014 Progress Report on Albania, Europäische Kommission 2014, abrufbar unter: (http://europa.eu/rapid/press-release_MEMO-14-553_en.htm
[81] Europäische Kommission 2008 , abrufbar unter: http://europa.eu/rapid/press-release_MEMO-08-672_de.htm
[82] Europäische Kommission 2014 : S.2
[83] Europäische Kommission 2014 : S.8
[84] Organisation for Economic co-operation and Development 2002 : S.31
[85] Europäische Kommission 2014: S.7

Gruppen zu verstärken.[86] In der Verwaltung besteht eine große Lücke, da Institutionen abhängig von der Regierung bzw. verschiedenen Parteien sind. Eine Anpassung an europäische Standards ist laut Report 2014 notwendig. In dem Report der World Bank für Albanien, für das Jahr 2014, wird eine Analyse der Demokratie in den letzten 9 Jahren durchgeführt. Laut der World Bank, hat sich der Demokratie Index im Jahr 2014 um 0.07 verbessert. Die oben genannten Fortschritte in den politischen Kriterien, sind laut der Analyse der World Bank „zu klein, als dass große Veränderungen ersichtlich wären". Für einen genaueren Überblick, siehe die Tabelle:

Nations in Transit Ratings and Averaged Scores

	2005	2006	2007	2008	2009	2010	2011	2012	2013	2014
Electoral Process	3.75	3.50	4.00	4.00	3.75	3.75	4.00	4.25	4.25	4.00
Civil Society	3.25	3.00	3.00	3.00	3.00	3.00	3.00	3.00	3.00	3.00
Independent Media	4.00	3.75	3.75	3.75	3.75	4.00	4.00	4.00	4.00	4.00
National Democratic Governance	4.25	4.00	4.25	4.25	4.25	4.50	4.75	4.75	5.00	4.75
Local Democratic Governance	3.25	2.75	2.75	2.75	2.75	3.00	3.25	3.25	3.50	3.50
Judicial Framework and Independence	4.50	4.25	4.00	4.00	4.25	4.25	4.25	4.75	4.75	4.75
Corruption	5.25	5.25	5.00	5.00	5.00	5.00	5.00	5.00	5.25	5.25
Democracy Score	4.04	3.79	3.82	3.82	3.82	3.93	4.04	4.14	4.25	4.18

Tabelle 4.[87]

Im Report von 2014 werden auch die kleinen Fortschritte im Bereich Menschenrechte und Minderheitenschutz aufgezeigt. Albanien bleibt ein Ursprungsland für Kinderzwangsarbeit und die Zahl der gemeldeten Fälle von häuslicher Gewalt gegen Frauen erhöhte sich. Bezüglich Frauenrechte wurden die Gleichstellungsfragen der Nationale Rat sowie seine Arbeit und Koordinatoren in allen Fachministerien bekannt gegeben. Zum Schutz vor Diskriminierung ist die Umsetzung des Gesetzes, der weitgehend im Einklang mit dem EU-Acquis ist, unzureichend. Eine feste antidiskriminierende Rechtsprechung muss eingebaut werden. Für Menschen mit Behinderungen wurde der rechtliche Rahmen überarbeitet, jedoch muss ihre Umsetzung sichergestellt werden. Die Medienfreiheit bleibt eine große Herausforderung. Die albanische Medienlandschaft ist von interessengeleiteten Eingriffen, welche politischer und wirtschaftlicher Art sind, sowie von einer mangelnden Transparenz in Bezug auf die Medienfinanzierung gekennzeichnet.[88] Bei der Stabilität und zum Aufbau gemeinsamer Sicherheits- und Wirtschaftsstrukturen spielt Albanien eine konstruktive Rolle im Balkan. Albaniens

---

[86] Einschließlich der Lesben, Homosexuelle, Bisexuelle, Transgender und Intersexuelle, Roma, ehemalige politische Gefangene und verfolgte Menschen. Vgl. Europäische Kommission 2014: S.10
[87] World Bank's World Development Indicators 2014, Gjipali 2014 : S.51 abrufbar unter:
http://www.justice.gov/sites/default/files/eoir/legacy/2014/09/26/Albania.pdf
[88] Vgl. Europäische Kommission 2014 : S.13

Außenpolitik ist auf Zusammenarbeit mit Nachbarländern gerichtet.[89]

Hinsichtlich der *ökonomischen Aspekten* wird zum einen die Existenz einer funktionsfähigen Marktwirtschaft und zum anderen die Fähigkeit mit Wettbewerbs- und Marktkräften innerhalb der Union umzugehen, in den Mittelpunkt des Reports gestellt. Die Hauptpunkte, die mit der Existenz einer funktionsfähigen Marktwirtschaft verbunden sind, sind unter anderen die Wirtschaftspolitik, makroökonomische Stabilität, Spiel der Marktkräfte, Markteintritt und –austritt, Rechtsordnung und die Entwicklung des Finanzsektors. Zu den Fähigkeiten mit Wettbewerbs- und Marktkräften innerhalb der Union umzugehen, zählen das Human- und Sachkapital, die Unternehmensstruktur, der staatliche Einfluss auf die Wettbewerbsfähigkeit und die wirtschaftliche Integration mit der EU.[90] Albanien wird oft als armes Land bezeichnet, welches seit 25 Jahren versucht den komplexen Übergangsprozess in Stande zu bewältigen. Dank der vielen Transformationen, die erreicht wurden, handelt es sich heute um einen Staat, der die notwendigen Charakteristika hat, um als zivilisiert und demokratisch definiert zu werden.[91] Die World Bank führte 2014 eine Umfrage zwischen verschiedenen Stakeholdern in Albanien durch. Als Faktoren, die heutzutage die Reduktion der Armut im Land beeinflussen, zählten das Wirtschaftswachstum (41%), Schaffung von Arbeitsplätzen / Beschäftigung (39%), inländische Entwicklung des Privatsektors (31%) und die Entwicklung der Landwirtschaft (21%).[92] Obwohl Albanien ein sehr armes Land ist, hatte die Wirtschaftskrise 2008/2009 für Albanien keine starken Auswirkungen, da Albanien wenig exportabhängig war.[93] In den letzten Jahren hat sich diesbezüglich etwas geändert.

Betrachtet man das Jahr 2014 sind Fortschritte im Wachstum der Exporte von Waren zu erkennen. Die günstigen hydrologischen Bedingungen brachten erhöhte Stromexporte. Im Vergleich zu dem Jahr davor sank das Leistungsbilanzdefizit im ersten Quartal 2014 um 31%.[94] Bei der Betrachtung der Machtverhältnisse der Marktkräfte, bleibt der Privatsektor dominant und die staatliche Beteiligung begrenzt. Das bürokratische Verfahren und die Lücken im regulatorischen Umfeld beeinflussen den Markteintritt von Unternehmen innerhalb Albaniens. Obwohl die Gründung eines Unternehmens nicht viel Zeit in Anspruch nimmt, können die Kosten groß sein. Im Jahr 2013 gab es nur eine Steigerung von 1% in der Anzahl der neuen registrierten Unternehmen. Um eine effiziente Ressourcenallokation zu ermöglichen, sollte das Markteintritt- und Austrittverfahren weiter verbessert werden.[95] Fortschritte sind auch bei den Reformen der Rechtsordnung nötig. Die Reformen sollten sich mit den Unsicherheiten im Unternehmensumfeld über Grundbesitz, Mängel im Rechtrahmen und Lücken in der Vertragsdurchsetzung und Rechtsstaatlichkeit beschäftigen. In der Entwicklung des Finanzsektors

---

[89] vgl. Auswärtigesamt abrufbar unter der http://www.auswaertiges-amt.de/DE/Aussenpolitik/Laender/Laenderinfos/Albanien/Aussenpolitik_node.html
[90] Europäische Kommission 2014 : S.20
[91] Andria at al. 2010 : S.106
[92] The World Bank Group Country Survey FY 2014 : S.13
[93] Mitteilung der Kommission an das Europäische Parlament und den Rat 2010 : S.5
[94] Europäische Kommission 2014: S.16
[95] vgl. Kommission 2014: S.18-19

sind die Rentabilitätsindikatoren verbessert worden und bleiben positiv. Das Bankensystem ist auch gut kapitalisiert und liquide. Allerdings muss es noch weiter verbessert werden und weitere Maßnahmen sind erforderlich.[96]

Die wirtschaftliche Entwicklung Albaniens konnte in den vergangenen Jahren Hemmnisse, wie schwache Infrastrukturen, geringes Humankapital und die große informelle Wirtschaft verringern. Um dem Wettbewerbsdruck und den Marktkräften der Union mittelfristig standhalten zu können, muss Albanien seine Strukturreformen vorantreiben. So die „Erweiterungsstrategie und wichtige Herausforderungen 2011-2012", dies soll durch Stärkung des Justizsystems und des Human- und Sachkapitals ermöglicht werden. Darüber hinaus ermöglichte die solide Währungspolitik eine Aufrechterhaltung der Preisstabilität und die Inflation blieb im gewünschten Bereich. Die staatlichen Zuschüsse sowie die staatlichen Eingriffe in die Wirtschaft bleiben selten. Nach wie vor bleibt die EU für Albanien der Haupthandels- und Investitionspartner.

Die dritte Voraussetzung um der EU beitreten zu können, *ist die Übernahme des gesamten Regelwerks* der europäischen Union, welches als *EU-Acquis* bezeichnet wird Obwohl gute Fortschritte in vielen Bereichen vollzogen wurden, bleibt die Angleichung und Umsetzung des EU-Rechtes immer noch auf dem Weg der Erfüllung.[97] Mit der Übernahme und Anwendung des gemeinsamen Besitzstandes der EU sind die nachfolgend aufgelisteten 33 Kapiteln (Acquis) gemeint:

Kapitel 1: Freier Warenverkehr

Kapitel 2: Freizügigkeit der Arbeitnehmer

Kapitel 3: Niederlassungsrecht und freier Dienstleistungsverkehr

Kapitel 4: Freier Kapitalverkehr

Kapitel 5: Öffentliches Beschaffungswesen

Kapitel 6: Gesellschaftsrecht

Kapitel 7: Rechte an geistigem Eigentum

Kapitel 8: Wettbewerbspolitik

Kapitel 9: Finanzdienstleistungen

Kapitel 10: Informationsgesellschaft und Medien

Kapitel 11: Landwirtschaft und Entwicklung des ländlichen Raums

Kapitel 12: Lebensmittelsicherheit, Tier- und Pflanzengesundheit

Kapitel 13: Fischerei

Kapitel 14: Verkehrspolitik

Kapitel 15: Energie

Kapitel 16: Steuern

---

[96] vgl. Europäische Kommission 2014: S.19-20
[97] vgl. Unterstützung bei der Anpassung des Wirtschafts- und Handelsrecht an die EU-Normen, Deutsche Gesellschaft für Nationale Zusammenarbeit (GIZ), abrufbar unter: https://www.giz.de/de/weltweit/30972.html

Kapitel 17: Wirtschafts- und Währungspolitik

Kapitel 18: Statistik

Kapitel 19: Sozialpolitik und Beschäftigung

Kapitel 20: Unternehmens- und Industriepolitik

Kapitel 21: Transeuropäische Netzwerke

Kapitel 22: Regionalpolitik und Koordinierung der strukturellen Instrumente

Kapitel 23: Justiz und Grundrechte

Kapitel 24: Recht, Freiheit und Sicherheit

Kapitel 25: Wissenschaft und Forschung

Kapitel 26: Bildung und Kultur

Kapitel 27: Umwelt und Klima

Kapitel 28: Verbraucher- und Gesundheitsschutz

Kapitel 29: Zollunion

Kapitel 30: Außenbeziehungen

Kapitel 31: Außen-, Sicherheits- und Verteidigungspolitik

Kapitel 32: Finanzkontrolle

Kapitel 33: Finanz- und Haushaltsbestimmungen[98]

Die Fortschritte in der Übernahme dieser Kapitel spielen eine entscheidende Rolle für den möglichen Beitritt Albaniens. Einerseits äußert sich Albanien positiv hinsichtlich der Übernahme des Acquis Communautaire und entsprechender Rahmenpolitiken. Anderseits wird von der Europäischen Kommission in den Fortschrittberichten wiederholt betont, dass die strategischen Dokumente und Verfahren in der Praxis oft nicht adäquat umgesetzt würden. Das Institut für Demokratie und Mediation (IDM) weist darauf hin, „(...) dass die mangelhafte Implementierung der verabschiedeten Gesetze jedoch nicht einzig mit fehlenden institutionellen Kapazitäten und Ressourcen zu erklären ist. Die harmonisierte Gesetzgebung verliere sich oftmals im Laufe des Implementierungsprozesses, da die Voraussetzungen und die „Aufnahmekapazität" des lokalen Kontexts sowie der lokalen Stakeholder nicht berücksichtigt würden."[99]

In der unteren Tabelle wird graphisch dargestellt, in wie weit Fortschritte in ein paar von diesen Kapiteln gemacht wurden. Schon in dem Report der Kommission von 2008 wurden Fortschritte in bestimmen Acquis gesehen, wie bei der Angleichung der Rechtsvorschriften oder politischen Strategien an die europäischen Standards. Albanien muss sich nun verstärkt für deren Umsetzung einsetzen. Die Fortschritte der Vorjahre wurden in Bereichen wie Wettbewerb und Zoll weiter geführt. Die Bekämpfung der organisierten Kriminalität, Geldwäsche oder Drogenhandel brachten die

---

[98] Foundation for the Development of Northern Montenegro, publiziert am 11.September 2013, abrufbar unter: http://www.forsmontenegro.org/lang-en/let-me-tell-you-something-about-eu/74-europe-union-and-its-member-states/280-35-chapters-of-acquis-communautaire
[99] Vurmo at al. 2011 : S.5

Kapitel 32: Finanzkontrolle
Kapitel 28: Verbraucher- und
Gesundheitsschutz
Kapitel 19: Sozialpolitik und
Beschäftigung
Kapitel 14: Verkehrspolitik
Kapitel 10:
Informationsgesellschaft und
Medien
Kapitel 8: Wettbewerbspolitik
Kapitel 7: Rechte an geistigem
Eigentum
Kapitel 6: Gesellschaftsrecht
Kapitel 5: Öffentliches
Beschaffungswesen
Kapitel 4: Freier Kapitalverkehr
Kapitel 3: Niederlassungsrecht und
freier Dienstleistungsverkehr
Kapitel 2: Freizügigkeit der
Arbeitnehmer
Kapitel 1: Freier Warenverkehr

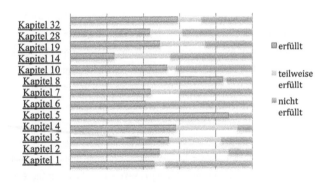

Tabelle 5. Die Übernahme der Kapiteln in % [100]

Notwendigkeit mit sich, überzeugendere Ergebnisse zu erzielen.[101] In der Tabelle wird eine Analyse von 13 Kapiteln im Zeitraum von Juli 2012 bis Juli 2014 gemacht, in dem dargestellt wird, wie weit die Umsetzung vorangeschritten ist.

Es gibt zwar einen erheblichen Teil der Maßnahmen, die teilweise umgesetzt worden sind oder sich noch in der Umsetzung befinden, aber der Grad an noch nicht implementierten Maßnahmen ist hoch.

Bei der Beurteilung der Fortschritten für jedes dieser 13 Kapitel stellt sich heraus, dass das Kapitel 5 „Öffentliche Auftragsvergabe„ gefolgt von Kapitel 8 „Politik Wettbewerb" das höchste Niveau an Top-Umsetzung erzielt haben, nämlich 88% und 84%. Kapitel 5 hat nur eine geringe Anzahl von 8 dazugehörigen Maßnahmen. In Kapitel 8 sind 56 Maßnahmen zugehörig. Kapitel 14 „Verkehrspolitik" hat das niedrigste Leistungsniveau registriert auf 24% und teilweise umgesetzt bzw. im Prozess sind etwa 31% der Maßnahmen. Kapitel 2 „Freizügigkeit der Arbeitnehmer" und Kapitel 4 „Freier Kapitalverkehr" haben das höchste Niveau im Bezug auf den Anteil der teilweise umgesetzten Maßnahmen. Kapitel 6 „Das Recht der Unternehmen" hat den höchsten Anteil von nicht implementierten Maßnahmen, gefolgt von Kapitel 1 „Freier Warenverkehr" mit jeweils 59% und 48%.

In Bezug auf die Bewertung der Umsetzung von Rechtsvorschriften in jedem Kapitel zeigt sich, dass es kein Kapitel gibt, in dem alle geplanten legislativen Maßnahmen erfüllt sind. Kapitel 10 „Informationsgesellschaft und Medien" und Kapitel 5 „Öffentliches Beschaffungswesen" haben das höchste Niveau der Leitfähigkeit mit 80% der legislativen Maßnahmen umgesetzt, gefolgt von Kapitel 4 „Freier Kapitalverkehr" mit 79%. Die Prozentanalyse zeigt, dass viele Fortschritte zur Durchsetzung gemacht wurden, aber die komplette Erfüllung noch Zeit braucht.[102]

---

[100] OSFA 2014 : S.7 abrufbar unter : http://www.osfa.al/sites/default/files/permbledhja_per_konferencen.pdf
[101] Report „Wichtigste Ergebnisse der Fortschrittsberichte über Albanien, Montenegro, Bosnien und Herzegowina, Serbien und Kosovo", Europäische Kommission 2008 , abrufbar unter: http://europa.eu/rapid/press-release_MEMO-08-672_de.htm
[102] OSFA 2014 : S.16

Ein weiteres und wichtiges Problem zur Erfüllung der Kriterien der europäischen Maßnahmen ist der Druck, den die Osterweiterung auf die Kandidatenländer erzeugt. Nicht nur die staatlichen Institutionen sondern auch die Gesellschaft muss an die EU-Standards angepasst und transformiert werden. Der radikale Wandel der Gesellschaft sowie die Kosten dieser Anpassungsprozesse machen die Erfüllung dieser Maßnahmen langsam und schwer.[103] Laut dem Institute for Democracy and Mediation (IDM) gibt es drei Schlüsselelemente, die Einfluss auf die Fortschritte bezüglich der Umsetzung der Kriterien haben. Erstens fehlt eine Konsultationspraxis mit den Interessensgruppen sowohl auf exekutiver als auch auf parlamentarischer Ebene zu spezifischen Gesetzesentwürfen. Zweitens fehlen genügende Kapazitäten zur Durchführung von Abschätzungen der Auswirkungen von Gesetzentwürfen auf die jeweiligen Sektoren. Drittens ist die Etablierung einer Bewertung in der Praxis, sowohl der Implementierungskosten als auch der Koordinierungsressourcen, zwischen den verantwortlichen Institutionen nicht zu sehen.[104]

Diese Problemanalyse nimmt das IDM als Ausgangspunkt, um neben der Verbesserung von institutionellen Ressourcen, administrativen Kapazitäten und Expertise eine Reihe von Maßnahmen zu empfehlen, die zur Überwindung der noch bestehenden Defizite beitragen können.

---

[103] Kleger at al. 2004 : S.337
[104] Vurmo at al. 2011 : S.5

5)Schlussfolgerungen

Jene Theorien, die behandelt wurden, schildern unterschiedliche Ideen über den Beitritt eines Landes in die EU. Während rationalistische Ansätze die wirtschaftlichen Interessen und militärischen Stärken als Hauptfaktor des Handelns der Akteure sehen, vertreten die Konstruktivisten eine andere Auffassung. Albanien, laut Rationalisten, strebt die Mitgliedschaft der EU an hauptsächlich aufgrund der ökonomischen Vorteile und benötigten internationalen Sicherheit. Für die Rationalisten beeinflusst eine positive Bilanz der Vor- und Nachteile Länder, Teil der Gemeinschaft zu werden. Die Konstruktivisten sehen den Beitritt Albaniens nur als einen Versuch des Landes, sich mit der EU zu identifizieren und deren Normen zu übernehmen. Laut der Konstruktivisten sei nicht die positive Bilanz der Vor- und Nachteile der Hauptgrund, sondern die Identifizierung mit den europäischen Werten. Die Theorie der Europäisierung sieht das Interesse eines Landes, der EU beizutreten, am Integrationsprozess in die EU. Supranationalismus geht ebenfalls von einem transformativen Integrationsprozess aus. Für viele Länder, vor allem jene, welche unter einem kommunistischen Regime - wie Albanien - für mehrere Dekaden waren, bedeutet die allgemeine Integration eines Landes, während es auf dem Weg zur Erfüllung von Kriterien ist, den Hauptgewinn. Sowohl die Ministerin für Integration als auch der Ministerpräsident Albaniens äußerten, dass der Prozess der Integration das sei, was am meisten zählt.

Aus der Perspektive der EU gebe es keinen Grund sich nicht auch künftig zu erweitern, solange der Beitrittskandidat die Kriterien Kopenhagens erfüllt. Die politischen und wirtschaftlichen Kriterien, sowie die Übernahme der Kapitel dienen dazu die Handlungsmöglichkeiten zu eröffnen und somit den Weg zum Beitritt zu ermöglichen. Die Europäische Union hat Interesse an der Erweiterung. Nur durch diese wird sie die Ziele der Gründer „ein friedliches, geeintes und erfolgreiches Europa" erfüllen. Die Erweiterungsrunde, welche die Europäische Union im Laufe ihrer Geschichte geführt hat, waren kein Zufall, sondern strategisch bedachte Erweiterungen. Als die EU die Wirtschaft stärken wollte, führte sie die erste Norderweiterung durch, wodurch viele starke Länder in die EU eintraten. Als die EU das Ziel hatte, den Kontinent zu stabilisieren, folgte die zweite Erweiterung mit den instabilen Demokratien in Südeuropa. Mit der dritten Erweiterungsrunde erfüllte die EU zwei Ziele auf einmal: Einerseits starke Ökonomien die aber andererseits gleichzeitig ihre Souveränität nicht stark verteidigten. Die vierte Erweiterungsrunde mit dem Beitritt der postkommunistischen Länder kennzeichnet den Versuch, West- und Osteuropa zu einen und die Sicherheit des Kontinents zu fördern.

Im Fall Albaniens ist es interessant zu sehen, welche Interessen die EU an diesem Beitritt hat. Zum einen spielt Albanien eine wichtige Rolle in der Nachbarpolitik und Stabilisierung des Balkans. Die geopolitische Lage Albaniens ist von Interesse für die EU, um in dieser Region Stabilität und

Sicherheit zu fördern. Die Probleme im Westbalkan bezüglich des Minderheitsschutzes und die albanische Gruppe in Serbien, Montenegro und Mazedonien können unter der Europäischen Union objektiver gestaltet und vor Ort angepasst werden. Der Krieg um den Kosovo könnte beendet werden, wenn Albanien, ebenso wie Serbien, unter europäischen Bedingungen in Frieden leben würde. Zum anderen ist die Korruption in der südeuropäischen Ländergruppe auf einem hohen Niveau, daher besteht das Interesse der Europäischen Union, diese zu bekämpfen. Das kann die EU nun viel effektiver, da Albanien sich mehr bemüht, die Korruption zu bekämpfen, um einer der wichtigsten Kriterien der EU gerecht zu werden.

Aus der albanischen Perspektive ist der Beitritt wichtig aus folgende Gründen: Albanien wird mehr Vorteile als Nachteile aus dem Beitritt ziehen. Die schwache ökonomische und politische Lage kann durch die Hilfe der EU überwunden werden. Wie die Beispielländer Portugal oder Irland hofft auch Albanien die wirtschaftliche Lage durch den Beitritt in die EU zu verbessern. Die Transformation Albaniens und der Prozess der Integration sind auch Kernfaktoren, die Albanien ermutigen, die Durchführung der Reformen und Erfüllung der Kriterien Kopenhagens zu realisieren. Um das große Ziel zu erfüllen, der EU beizutreten, müssen die Schwächen der politischen Aspekte, wie die Verwaltung, die Korruption der Justiz und weitere bekämpft werden. Die Problematik der Wirtschaft, in der trotz der kleinen Fortschritte noch viel zu tun ist, können nur durch den Integrationsprozess und den Beitritt in den Binnenmarkt verbessert werden. Die Annäherung der Acquis communautaire wird Albanien dabei helfen, die Modernisierung, die Transformation und die große Wandlung von einer korrupten Mentalität zu einer europäisierten Denkweise der gesamten Gesellschaft zu erreichen. Trotz der langsamen Fortschritte bei der Erfüllung der Kopenhagener Kriterien ist Albanien auf dem richtigen Weg. Im Vergleich der zwei Reporte der Kommission von 2008 und 2014 sind die Fortschritte deutlich zu erkennen. In dem Report der Kommission von 2008 waren die Probleme Albaniens auf einem höheren Niveau als gegenwärtig. Die größten Defizite wurden festgestellt vor allem in den Bereichen der Korruptionsbekämpfung (besonders massiv), der Justiz, der organisierten Kriminalität, in der öffentlichen Verwaltung, welche an den Prinzipien der Leistung und Professionalität scheitert,[105] im Menschen- und Drogenhandel, bei öffentlichen Aufträgen, in der Freiheit der Medien und im Bereich der staatlichen Strukturen, den europäischen Integrationsprozess auf effektive Weise zu verwalten.[106] Im Vergleich zum Report vor 6 Jahren, in dem Report der Kommission von 2014, sind die Fortschritte eindeutig. Der Erhalt des EU-Kandidatenstatus war laut der europäischen Kommission berechtigt. Trotzdem ist der Stand der Europäisierung noch nicht ausreichend, da nach wie vor große politische, ökonomische und gesellschaftliche Defizite bestehen.

Wie die Bundeskanzlerin bei ihrem ersten Besuch in Albanien sagte, sind die Fortschritte Albaniens zu merken, allerdings müssen die Kriterien vollständig erfüllt werden.

---

[105] Damit ist gemeint, die gebildete Menschen und Experten den Arbeitsplatz bekommen und nicht die Bekannten und Klienten der Regierung
[106] European Movement Albania 2009 : S.11

Zum Abschluss, der Beitritt Albaniens wird nur geschehen, wenn es eine Zusammenarbeit zwischen der Europäische Union einerseits und Albanien anderseits geben wird. Den Prozess der Integration, kann Albanien nicht allein schaffen. Hilfe durch die Europäische Union in jeglicher Form wird Albanien motivieren, noch mehr Fortschritte zu machen. Durch das „Ja" zum Beitrittskandidatenstatus im Juni 2014 hat die albanische Regierung mehr Motivation erschaffen, die Annährung an die europäischen Normen, Werte und Ideale zu fördern. Der Stand der Europäisierung in Land verbessert sich jeden Tag durch die Anstrengungen zur Anpassung an die Kriterien im Land. Das albanische Volk, genauso wie die albanische Regierung, zeigen, dass für sie die Integration in die EU das einzige „Game in town" ist. Trotz der Versuche, durch verschiedene Theorien den Beitritt Albaniens zu erklären, bleibt es nach wie vor ein besonderes Beispiel in Europa, welches nicht mit anderen Länder oder bisherigen Beitritten zu vergleichen ist. Zu der Frage „Wie bekämpft man Korruption?" und ob Albanien es schaffen wird, die Korruption vollständig zu bekämpfen als Notwendigkeit, in die EU einzutreten, kann man sagen, dass ein Einblick in die Zukunft schwierig oder fast unmöglich ist. Was zählt ist der Wille Albaniens, diesen Prozess in naher Zukunft zu bestreiten und eines Tag den Traum zu erfüllen, Mitglied der EU zu werden.

6. Literaturverzeichnis

A. Jones, Robert. *The Politics and Economics of the European Union. An Introductory Text.* 2nd ed. UK, 2001.

A. Smith, Martina, and Graham Timmins. *Building a Bigger Europa. EU Und NATO Enlargement in Comparative Perspective.* UK, 2000.

Beichelt, Tim. *Die Europäische Union Nach Der Osterweiterung,* Wiesbaden, 2004.

Beichelt, Timm, Bozena Chotui, Gerard Rowe, and Hans-Jürgen Wagner. *Europa-Studien.* Wiesbaden, 2006.

Bieber, Roland, Astrid Epiney, and Marcel Haag. *Die Europäische Union.* 10th ed. Baden-Baden, 2013.

Bieling, Hans-Jürgen, and Marika Lerch. *Theorien Der Europäischen Integration.* 3rd ed. Wiesbaden, 2012.

Borchardt, Klaus-Dieter. *Die Rechtlichen Grundlagen Der Europäischen Union.* 2nd ed. Heidelberg, 2002.

Bulmer, Simon, Charlie Jeffery, and William E. Paterson. *Germany's European Diplomacy.* Manchester, 2000.

Engert, Stefan. *EU Enlargement and Socialization: Turkey and Cyprus.* New York, 2010.

Holzinger, Knill, Peters, Rittberger, Schimmelfennig, and Wagner. *Die Europäische Union-Theorien Und Analysekonzepte.* Paderborn, 2005.

Kleger, Heinz, Ireneusz Pawel Karolewski, and Matthias Munke. *Europäische Verfassung.* 3rd ed. Münster, 2004.

Knodt, Michele, and Andreas Corcaci. *Europäische Integration.* Konstanz, 2012.

Kohler-Koch, Beate, Thomas Conzelmann, and Michele Knodt. *Europäische Integration- Europäisches Regieren.* Wiesbaden, 2014.

Kratochvil, Petr, and Elsa Tulmets. *Construktivism and Rationalism in EU External Relations. The Case of the European Neighbourhood Policy.* Baden-Baden, 2010.

Lemke, Christiane. *Internationale Beziehungen : Grundkonzepte, Theorien Und Problemfelder.* 3rd ed. Oldenbourg, 2012.

Leiße, Olaf. *Die Europäische Union Nach Dem Vertrag von Lissabon.* 1st ed. Wiesbaden, 2010.

Loth, Wilfried, and Wolfgang Wessels. *Theorien Europäischer Integration*. Opladen, 2001.

Mccormick, John. *Understanding the European Union- A Concise Introduction*. 2nd ed. New York, 2002.

Petersen, Lars Ole. *Europäisierung Der Diplomatie. Völker- Und Europarechtliche Rahmenbedingungen.* Berlin, 2011.

Pfetsch, Frank R. *Das Neue Europa*. Wiesbaden, 2007.

Schmidt, Susanne K. *Liberalisierung in Europa-Die Rolle Der Europäischen Kommission*. Frankfurt/Main, 1998.

Stratenschulte, Eckart D. *Grenzen Der Integration*. Baden-Baden, 2013.

Berichte und weitere Dokumente

European Movement Albania. "Albania's Application for Membership in the EU- Time for Tangible Results." Tirana, 2009.

Filzinger, Jörg H. "Konstruktivismus, Rationalismus, Empirismus, Realismus Und Weitere Wissenschaftstheoretische Ansätze." Baden-Württemberg, 2013.

Kok, Wim. "Die Erweiterung Der Europäische Union-Errungenschaften Und Herausforderungen." San Domenico di Fiesole, 2003.

Vurmo, Gjergji. "Relations of Albania with EU," 2008.

Vurmo, Gjergji, and Elira Hroni. "Lost in Implementation – Albaniens Annäherung an Den EU-Acquis." Tirana, 2011.

Organisation for Economic Co-operation and Development. "Anti-Corruption Measures in South Eastern Europe." Civil Society's Involvement. Paris, 2002.

Peuten, Simone. "Deutsche Sicherheitspolitik in Europa." Berlin, 2010.

EU-Dokumente[107]

Beziehungen EU-Albanien, Europäische Kommission, Artikel von 4. Dezember 1998, abrufbar unter: *http://europa.eu/rapid/press-release_MEMO-98-89_de.htm?locale=en*

Die Geschichte der Europäische Union, abrufbar unter: *http://europa.eu/about-eu/eu-history/index_de.htm*

Europäische Kommission. "Mitteilung Der Kommission an Das Europäische Parlament Und Den Rat." Brüssel, 2010.

Europäische Nachbarschaftspolitik und Erweiterungsverhandlungen, Albanien, abrufbar unter: *http://ec.europa.eu/enlargement/countries/detailed-country-information/albania/index_en.htm*

Europäische Nachbarschaftspolitik und Erweiterungsverhandlungen, Europäische Kommission, letzte Aktualisierung 30.06.2014, abrufbar unter: *http://ec.europa.eu/enlargement/countries/detailed-country-information/albania/index_de.htm*

Europäische Nachbarschaftspolitik und Erweiterungsverhandlungen, Europäische Kommission, abrufbar unter: *http://ec.europa.eu/enlargement/countries/detailed-country-information/albania/index_de.htm*

Europäische Union ernennt Albanien zum offiziellen Beitrittskandidaten, Europäische Kommission, abrufbar unter: *http://ec.europa.eu/enlargement/countries/detailed-country-information/albania/index_de.htm*

Key findings of the 2014 Progress Report on Albania, Europäische Kommission 2014, abrufbar unter: *http://europa.eu/rapid/press-release_MEMO-14-553_en.htm*

Stabilisierungs-und Assoziierungsabkommen, Europäische Kommission 2012, abrufbar unter: *http://ec.europa.eu/enlargement/policy/glossary/terms/saa_de.htm*

Westlicher Balkan- Stärkung der Europäische Perspektive, Mitteilung der Kommission an das Europäische Parlament und den Rat vom 5. März 2008, abrufbar unter: *http://eur-lex.europa.eu/legal-content/DE/TXT/?qid=1435923278096&uri=URISERV:e50028*

Wichtigste Ergebnisse der Fortschrittsberichte über Albanien, Montenegro, Bosnien und Herzegowina, Serbien und Kosovo, Europäische Kommission 2008 , abrufbar unter: *http://europa.eu/rapid/press-release_MEMO-08-672_de.htm*

Internetquellen:

Außenpolitik Albaniens, Auswärtigesamt, zugegriffen: abrufbar unter der *http://www.auswaertiges-amt.de/DE/Aussenpolitik/Laender/Laenderinfos/Albanien/Aussenpolitik_node.html*

Die Analyse der Kosten und Profite Albaniens beim Prozess der Integration in die EU, OSFA 2014, abrufbar unter: *http://www.osfa.al/sites/default/files/raporti_perfundimtar.pdf#overlay-*

---

[107] Alle verwendeten Internetquellen dieser Arbeit wurden am 20.07.2015 aufgerufen.

29

context=publikime/publikimi-i-raportit-analiza-e-kostove-dhe-perfitimeve-te-procesit-te-integrimit-te-shqiperise-ne-be

Erweiterung der EU, Bundesministerium für Arbeit, Soziales und Konsumentenschutz, abrufbar unter: *http://www.sozialministerium.at/site/Soziales/EU_Internationales/EU_Erweiterung/Erweiterung_der_ EU*

European Integration of Albania: Economic Aspects, Thiel 2014, abrufbar unter: *http://www.uni-bamberg.de/fileadmin/uni/fakultaeten/sowi_lehrstuehle/vwl_finanzwissenschaft/DAAD-Projekt/Publikationen/pberg49.pdf*

European Union Enlargement, Übersicht der Erweiterungen der EU um 28 Mitgliedstaaten, abrufbar unter: *http://beta.tutor2u.net/economics/reference/european-union-enlargement*

Geschichte der Beziehungen zwischen EU und Albanien, Albanische Ministerium für europäische Integration, abrufbar unter: *http://www.integrimi.gov.al/al/programi/historiku-i-marredhenieve-be-shqiperi*

Integration in die Europäische Union, Ministerium für Europäische Integration, abrufbar unter: *http://www.integrimi.gov.al/al/programi/integrimi-ne-bashkimin-evropian*

Kurzfassung der „Monitoring die Umsetzung der Stabilisierungs- und Assoziierungsabkommen ", OSFA 2014 : abrufbar unter : *http://www.osfa.al/sites/default/files/permbledhja_per_konferencen.pdf*

Nations in Transit 2014-Albania, World Bank's World Development Indicators 2014, Gjipali 2014 : S.51 abrufbar unter: *http://www.justice.gov/sites/default/files/eoir/legacy/2014/09/26/Albania.pdf*

Radio" Free Europe", Interview publiziert am 10.04.2015 von
http://www.b92.net/eng/news/region.php?yyyy=2015&mm=04&dd=10&nav_id=93773

Rede der Ministerin für Europäische Integration Albaniens, am 26.09.2014, abrufbar unter: *http://www.integrimi.gov.al/al/newsroom/lajme/ministrja-gjosha-pavaresisht-kostove-shqiperia-do-te-kete-perfitime-madhore-nga-procesi-i-integrimit-evropian*

The European, Interview publiziert am 09.02.2015 von *http://www.theeuropean.de/edi-rama/9308-albaniens-perspektive-auf-europa*

Unterstützung bei der Anpassung des Wirtschafts- und Handelsrecht an die EU-Normen, Deutsche Gesellschaft für Nationale Zusammenarbeit (GIZ), abrufbar unter: https://www.giz.de/de/weltweit/30972.html

35 Chapters of Acquis Communuautaire, Foundation fort he Development of Northern Montenegro, publiziert am 11.September 2013, abrufbar unter: *http://www.forsmontenegro.org/lang-en/let-me-tell-you-something-about-eu/74-europe-union-and-its-member-states/280-35-chapters-of-acquis-communautaire*

343780UK00002B/639/P

UKHW010839030619

Milton Keynes UK

Lightning Source UK Ltd.